MARCUS JUNKELMANN

AUS DEM FÜLLHORN ROMS

*34 Originalrezepte
aus der römischen Küche*

VERLAG PHILIPP VON ZABERN · MAINZ AM RHEIN

Abb. 1 Küche mit Repliken von Gerätschaften. Der Koch bereitet gerade „In ovis hapalis" zu.

Szenen in dem im Auftrag König Ludwigs' I. von Bayern nachgebauten pompeianischen Haus in Aschaffenburg („Pompejanum").

Abb. 2 Beim Austernessen. Fotos: Halo-Film.

Vom Gebrauch antiker Rezepte

Es ist in der Tat faszinierend, „daß uns eine große Zahl erhaltener Koch- und Backrezepte in die Lage versetzt, einen wichtigen Bestandteil römischen Alltagslebens zu rekonstruieren und uns der damaligen Realität dabei in erstaunlichem Ausmaß zu nähern. So wird die Antike nicht nur optisch und taktil [berührbar, benutzbar], sondern außerdem in Bereichen sinnvoll erfahrbar, die jenseits der Grenzen des üblichen Rekonstruierens liegen: nämlich im Bereich des Geschmacks und Geruchs. Nach antiken Rezepten zu kochen, hat einen Hauch von Abenteuer an sich; es liegt nicht nur auf der Linie des heutigen Interesses für fremdes, ja exotisches Essen, sondern entspricht darüber hinaus dem aktuellen Trend zum Nachvollziehen des Alltags früherer Zeiten" (Günther E. Thüry 1997).

Zwar haben uns schon die Griechen eine ganze Anzahl nachkochbarer Rezepte hinterlassen – hier ist vor allem das Werk des Mitte des 4. Jahrhunderts v. Chr. in Sizilien schreibenden Archestratos zu nennen –, doch erst mit den Römern haben wir eine Küchenkultur vor uns, von der wir eine solche Fülle schriftlicher und dinglicher Zeugnisse besitzen, daß wir sie tatsächlich in großem Umfang und mit einem erheblichen Maß an Verläßlichkeit rekonstruieren können. Nach den Komödien des Plautus stellt die Mitte des 2. Jahrhunderts v. Chr. entstandene Schrift „*De agricultura*" des älteren Cato das früheste erhaltene Werk der lateinischen Literatur dar. Es enthält unter anderem eine Menge von Rezepten, die uns Aufschluß geben über die einfache, bäuerlich geprägte Kost der traditionellen römischen Küche, wie sie zweifellos gerade beim Militär noch bis weit in die Kaiserzeit praktiziert worden sein dürfte. Cato war ein strenger Verfechter altrömischen Wesens, jeder „Aufweichung" durch den zunehmenden griechisch-hellenistischen Einfluß abhold.

Quellenlage

Die Ernährung *more maiorum*, nach alter Väter Sitte, hat auch in den landwirtschaftlichen Traktaten zweier anderer römischer Aristokraten Niederschlag gefunden, in den „*Res rusticae*" des Terentius Varro (1. Jahrhundert v. Chr.) und in dem gleichnamigen Werk des Lucius Iunius Moderatus Columella (1. Jahrhundert n. Chr), ferner in der pseudovergilischen Dichtung „*Moretum*" und in der Naturgeschichte des älteren Plinius (beide 1. Jahrhundert n. Chr).

Frührömische Küche

Die weitaus größte Fülle an römischen Rezepten finden wir jedoch in dem berühmten unter dem Namen des Apicius überlieferten Kochbuch „*De re coquinaria*". Die meisten der auf dem Markt befindlichen Anleitungen zum römischen Kochen stellen gekürzte und bearbeitete Ausgaben des „Apicius" dar. Ich habe deshalb in der folgenden Rezeptauswahl die von Cato, Columella und Plinius mitgeteilten Gerichte nach Möglichkeit bevorzugt. Trotzdem bin ich natürlich nicht darum herumgekommen, die Mehrzahl der Rezepte gleichfalls dem Apicius-Kochbuch zu entnehmen.

Hellenistisch beeinflußte Küche

Apicius

Marcus Cavius (häufig auch – fälschlicherweise – Caelius) Apicius war ein bekannter Feinschmecker, der in der 1. Hälfte des 1. Jahrhunderts n. Chr lebte und von Plinius dem Älteren, Petronius und Seneca erwähnt wird. Letzterem zufolge soll er seinem Leben mit Gift ein Ende gesetzt haben, als er feststellte, daß er bis auf 10 Millionen Sesterzen sein ganzes Vermögen verpraßt hatte, und daher glaubte, sich nun nicht mehr menschenwürdig ernähren zu können (ad Helviam 10, 8. 9). Nach textkritischen Untersuchungen dürften etwa 300 der 478 im „Kochbuch des Apicius" enthaltenen Rezepte aus dem 1. Jahrhundert n. Chr stammen und könnten tatsächlich auf den berühmten Gourmet zurückgehen, der Rest ist im Laufe des 2.–4. Jahrhunderts aus verschiedenen anderen Quellen dazugekommen. In seiner überlieferten Form stellt das Apicius-Kochbuch demnach ein Kompendium der kaiserzeitlichen Küchenkünste dar.

Überwiegend „gutbürgerliche" Rezepte

Entgegen dem Eindruck, den die über den Verfasser verbreiteten Anekdoten hervorrufen, haben wir es aber durchaus nicht mehrheitlich mit Zeugnissen römischer Verschwendungssucht und „Dekadenz" zu tun, vergleichbar dem Gastmahl des Trimalchio im Satyrikon des Petronius, das in besonderem Maße die klischeehaften Vorstellungen von römischen „Orgien" geprägt hat. Zwar kommen Flamingobraten in Dattelsauce, gefüllte Haselmäuse und andere ausgefallene Leckereien vor, die Masse der Rezepte gehört aber eher in die Kategorie „gut bürgerlich", und das erste Kapitel trägt sogar den programmatischen Titel „Der sparsame Wirtschafter" („*Epimeles*"). Was viele Apiciusrezepte von denen eines Cato, Columella oder Plinius unterscheidet und den orientalisch-hellenistischen Einfluß verrät, das ist der überaus häufige Einsatz der fermentierten Fischsaucen (*garum, liquamen*) und einiger exotischer Gewürze wie Laserwurzel und vor allem Pfeffer.

Beim Nachkochen antiker Rezepte zu beachtende Grundsätze

Das Nachkochen antiker und mittelalterlicher Rezepte wird in erster Linie dadurch erschwert, daß meistens die Mengenangaben fehlen (der überaus exakte Cato macht hier eine Ausnahme). Auch zur Zubereitungsweise erhalten wir oft nur ganz summarische Angaben, „Sauce für heißen Hirsch", „Kräutersauce für gekochten Fisch" (nicht einmal die Sorte wird hier genannt) usw. Ich muß nun gestehen, daß ich Kochbücher, in denen das *procedere* bis ins letzte Detail gewissermaßen „idiotensicher" vorgeschrieben wird, noch nie habe leiden können. Auch moderne Rezepte besitzen in der Hand erfahrener Köche eine gewisse Variationsbreite, und das wird in der Antike nicht anders gewesen sein. Die minutiösen Angaben sind eher für die Dilettanten gedacht, und für die schreibt man erst seit 200 Jahren Kochbücher. Hat man erst einmal eine gewisse Menge römischer Gerichte ausprobiert, dann erschließt sich allmählich ein ganz unverkennbares „Stilwollen", das es erleichtert, die Absicht hinter den oft rudimentären Angaben in vielen Rezepten zu erkennen. Beim Experimentieren unterliegt man leicht zwei ganz extremen Gefahren. Entweder geht man angesichts der oft einschüchternd fremdartigen Geschmackskombinationen zu vorsichtig ans Werk und übt sich beim Würzen in übertriebener Zurückhaltung. Das Ergebnis ist dann langweilig und charakterlos, das Wesen des Rezepts nicht getroffen. Oder man legt eine bedenkenlos-brutale Kühnheit an den Tag, die vor allem bei sehr intensiv schmeckenden Zutaten wie *liquamen, asa foetida*, Liebstöckel, Raute, Kreuzkümmel zu irreparablen Fehlgriffen führen kann. Nur indem man schrittweise abschmeckt und, falls nötig, nachwürzt, wird man mit so ungewohnten Rezepten wie den römischen zu lohnenden Resultaten gelangen. So sollen auch die – ohnehin ungern gegebenen – Mengenangaben in den folgenden Rezepten nur als grober Leitfaden verstanden werden. Die Feinarbeit muß jeder Koch selbst übernehmen, zumal über die Geschmäcker bekanntlich nicht zu streiten ist.

Bei dem in den meisten Apicius-Rezepten enthaltenen *garum* oder *liquamen* handelt es sich um eine salzige Fischsauce, die als Fertigprodukt gehandelt wurde. Man stellte sie aus unausgenommenen kleinen Seefischen und den Innereien großer Fische her, die stark gesalzen und über längere Zeit in Bassins der Sonne ausgesetzt wurden. Die Flüssigkeit, die bei diesem Fermentationsprozeß entstand, wurde durchgesiebt und auf Amphoren gezogen. Es gab auch Hausmacherrezepte, bei denen die Sonnenhitze durch Einkochen auf dem Herd ersetzt wurde. In den ostasiatischen Küchen werden heute noch ähnliche Fischsaucen verwendet, die in einschlägigen Fachgeschäften erhältlich sind. Auch in Salzlake eingelegte Sardellen kommen als Ersatz in Frage.

Asa foetida („Teufelsdreck", „Stinkasant"), eine andere beliebte Zutat, ist gleichfalls in asiatischen Feinkostgeschäften erhältlich.

Eine weitere, sehr verbreitete „Fertigwürze" war sirupartiger, stark eingekochter Traubenmost (*defrutum*). Diese Zutat läßt sich leicht selbst herstellen.

Wenn nicht anders vermerkt, gelten die Rezepte für 4 Personen.

Abb. 3   Fladen werden auf der Feuerstelle sub testu *(unter einer Schüssel als Backhaube) gebacken. Auf die Schüssel wird heiße Asche gehäuft, um Oberhitze herzustellen. Foto C.A.T. Medienproduktion.*

I. Puls fabata
Brei aus Emmer und Feldbohnen

Nach Angaben Plinius' d. Ä. (Hist. nat. 18, 117–118) und des im 5. Jahrhundert n. Chr. schreibenden Macrobius (1, 12. 33).

ZUTATEN: *250 g eingeweichte Emmergraupen oder Emmergrieß (falls dieses Getreide nicht erhältlich ist, dann Hartweizen oder Dinkel), 120 g getrocknete Feldbohnen (einige Stunden zuvor eingeweicht), 20 g Speck, 1 Zwiebel, Olivenöl, Wasser, Weinessig, Salz.*

In einem Kessel Olivenöl erhitzen, den zerschnittenen Speck und die gehackte Zwiebel dazugeben, kurz anschmoren, Emmer zugeben, kurz weiterschmoren, mit Wasser aufgießen, Bohnen zugeben. Unter Umrühren garkochen, dabei, falls nötig, Wasser nachgießen. Mit Salz und Essig abschmecken, vom Feuer nehmen, mit etwas Olivenöl übergießen und servieren. Besser ist es, die Feldbohnen, die eine recht feste Schale haben, getrennt zu kochen, durchzupassieren und in diesem Zustand zum Getreide zu geben. Die anzustrebende Konsistenz ist eine zähbreiige Getreide-Bohnensuppe, ähnlich der toskanischen *Zuppa di Farro*.

Man kann die *puls* auch aus Getreide oder zerkleinerten Bohnen allein machen, ebenso können die Zutaten (*pulmentaria*) variiert werden, etwa durch Zugabe von Sellerie, Karotten oder Knoblauch.

II. Polenta
Gerstenbrei

„Nimm zu 20 Pfund (6,46 kg) Gerste 3 Pfund (0,97 kg) Leinsamen, ein halbes Pfund (0,16 kg) Koriander und ein *acetabulum* (0,68 l) Salz, röste es vorher und mahle es."

Plinius d. Ä., Hist. nat. 18,72.

ZUTATEN: *300 g Gerstengrieß, 45 g zerstoßener Leinsamen, 20 zerstoßene Korianderkörner, 10 g Salz, Wasser.*

Die Zutaten vermischen und in einem Topf kochen, eventuell Wasser nachgießen. Plinius beschreibt auch, wie die Gerstenkörner vor dem Schroten eingeweicht, dann getrocknet und gedarrt werden. Dieser Vorgang dient dem Entspelzen, doch wurde Gerste oft auch unentspelzt verarbeitet. Die Griechen fügten ihrem Gerstenbrei statt Wasser oft Wein zu.

III. Puls Punica
Punischer Brei

„Gib ein Pfund Emmer- oder Dinkelgraupen (*alica*) in Wasser und lasse es gut einweichen. Dann schütte den Grieß in eine saubere Schüssel, gib drei Pfund Frischkäse, ein halbes Pfund Honig und ein Ei dazu. Mische alles gut durch und schütte es in einen Kochtopf (und koche es)."

Cato d. Ä., Agr. 85.

Die Mengenverhältnisse und die Zubereitungsart sind hier schon so ausführlich beschrieben, daß sie keines Kommentars bedürfen. Als Frischkäse empfiehlt sich Ricotta. Es ist dies im Gegensatz zu den beiden vorausgegangenen Breivarianten ein recht aufwendiges Rezept, das sich ein Soldat nur im Standlager hätte zubereiten können.

IV. Panis militaris
Militärbrot

Nach Hinweisen von Cato d. Ä. (Agr. 83), Ovid (*Fasti* 6, 315–316), Plinius d. Ä. (Hist. nat. 18, 67), im *Moretum* (42–50) und in anderen Quellen.

ZUTATEN: *1 kg geschrotete Dinkelkörner (oder anderes Getreide: Saatweizen, Roggen), ca. 0,5 l Wasser (je nach Mehlart), Salz.*

Die Feuerstelle mit flachen Ziegeln oder ähnlichem Material bedecken. Darauf ein kräftiges Holz- oder Holzkohlenfeuer entfachen, bis die Ziegel heiß sind. Aus den Zutaten einen zähflüssigen Teig kneten und Fladen daraus formen. Glut und Asche von der vorgesehenen Backfläche fegen, Fladen auf die heißen Ziegel legen und mit einer umgedrehten flachen Tonschüssel bedecken. Glut und Asche auf die Schüssel häufen.

Es gibt zahlreiche Varianten zu diesem Verfahren. Beispielsweise kann man die Fladen in einer Tonform mit Deckel backen, wobei man diese auf den Rost stellt und auf den Deckel Glut häuft. Notfalls kann man auch in der heißen Asche des Feuers selbst backen, doch darf der Fladen nicht mit offener Glut in Berührung kommen.

Zum Backen von gesäuertem Brot in Backöfen siehe den Beitrag von Peter Knierriem und Elke Löhnig.

V. Mustaceus
Mostbrot

„Mostbrote mache auf folgende Weise: Einen *modius* (8,6 l) Weizenauszugsmehl (*siligo*) besprenge mit Traubenmost (*musteum*). Gib Anissamen, Kreuzkümmel, 2 Pfund (646 g) Schweinefett, 1 Pfund (323 g) Käse und die zerriebene Rinde eines Lorbeerzweigs hinein, forme Laibe und lege Lorbeerblätter darunter, während du sie bäckst."

Cato d. Ä., Agr. 121.

ZUTATEN: *500 g Weizenauszugsmehl, 0,2 l Traubenmost, 60 g Schweinefett, 30 g salziger Schafskäse (z. B. Pecorino), $^1/_4$ Teelöffel zerstoßener Kreuzkümmel, $^1/_2$ Teelöffel Anissamen, 1 zerriebenes Lorbeerblatt (falls keine Rinde zu haben ist), mehrere ganze Lorbeerblätter zum Unterlegen.*

Abb. 4   Puls fabata, *Brei aus Emmerschrot und Feldbohnen. Im Hintergrund eine tönerne* olla *(Kochtopf) mit Deckel, davor von rechts nach links Emmerkörner, getrocknete Feldbohnen und die fertige* puls. *Foto Beate Merz.*

Das Verfahren ist von Cato so gut beschrieben, daß es nicht vieler Erläuterungen bedarf. Es ist wichtig, Traubenmost und nicht Wein oder Traubensaft zu verwenden, da die Flüssigkeit als Treibmittel gedacht ist. Sollte kein Most vorhanden sein, dann muß Hefe zugegeben werden. Die Backzeit hängt von der Größe der Laibe ab. Man gibt ihnen am besten die für römische Brote vielfach überlieferte runde Form mit radialen Einkerbungen auf der Oberseite, die das Zerteilen in gleichgroße Stücke erleichtern.

VI. Libum
Opferbrot

„*Libum* mache auf folgende Weise: Zerkleinere 2 Pfund (646 g) Käse sorgfältig im *mortarium* (Mörser oder Reibschale). Schütte dann 1 Pfund (323 g) Weizenauszugsmehl (*siligo*) oder, wenn das Brot von leichterer Beschaffenheit sein soll, nur ein halbes Pfund Mehl dazu und vermische es mit dem Käse. Rühre noch ein Ei darunter. Forme einen Brotlaib, lege diesen auf Blätter und backe ihn sachte auf dem warmen Herd unter einer irdenen Schüssel (*sub testu*)."

Cato d. Ä., Agr. 75.

ZUTATEN: *600 g salziger Schafskäse (z. B. Pecorino), 150–300 g Weizenauszugsmehl, 1 Ei, mehrere Lorbeerblätter.*

Auch dieses Rezept bedarf keiner längeren Kommentierung. Die Laibe sollten geformt werden wie bei *mustaceus* beschrieben. Andere antike Autoren erwähnen eine süße Variante des *libum*, die mit Honig gefüllt oder nach dem Backen mit Honig bestrichen wird. Das *libum* kommt meist im Zusammenhang mit religiösen Zeremonien vor, doch ist auch der profane Verzehr gesichert.

Abb. 5 Zwei Opferbrote (liba) *auf einem Bett von Lorbeerblättern auf vorgeheizten Dachziegeln. Foto Beate Merz.*

Abb. 6 Ein Opferkuchen (libum) *verbrennt zusammen mit Früchten in einem Feuer aus Pinienzapfen. Das Feuer wurde in einem Becken entzündet, das auf einem zusammenklappbaren Dreibein steht, wie sie gerade im Feld oft als Brandaltäre verwendet wurden. Im Hintergrund auf einem Tisch Kanne, Griffschale und Handtuch für die rituelle Handwaschung vor dem Opfer. Foto Beate Merz.*

Abb. 7. Süßigkeiten zum Nachtisch. Links globi, *in Honig gewälzte und mit Mohn bestreute Knödel aus Weizengrieß und Frischkäse. Rechts in einer Bronzekasserolle Birnenauflauf (*patina de piris*). Foto Beate Merz.*

VII. Globi
Mohnknödel

„*Globi* mache so: Käse mische in der oben beschriebenen Weise mit Weizengrieß. Forme daraus so viele Knödel wie du brauchst. In ein heißes Bronzegefäß gib Fett. Brate darin die *globi* und wende sie mit zwei Holzspachteln häufig um. Wenn sie fertig sind, bestreiche sie mit Honig, bestreue sie mit Mohn und trage sie auf."

Cato d. Ä., Agr. 79.

ZUTATEN: *200 g Weizen- oder Dinkelgrieß, 300 g Frischkäse oder Quark, Olivenöl, flüssiger Honig und Mohn.*

Wenn der Käse von ausreichend flüssiger Konsistenz ist, braucht man den Grieß nicht einzuweichen. sollte dies nötig sein, dann nur sehr wenig Wasser verwenden, damit der Teig nicht zu flüssig wird, da sonst die Knödel nicht ihre Form behalten. Den sehr zähen Käse-Grießteig sorgfältig kneten, in Kugeln formen und im heißen Olivenöl unter häufigem Wenden goldbraun braten. Dann in flüssigem Honig, den man am besten heiß gemacht hat, wälzen und mit reichlich Mohn bestreuen. Die *globi* können warm wie kalt gegessen werden.

VIII. Sala cattabia
Saurer Brotbrei

„Höhle alexandrinisches Brot aus und weiche (die Krume) in *posca* (Essigwasser) ein. Gib in ein *mortarium* (Mörser oder Reibschale) Pfeffer, Honig, Minze, Knoblauch, frischen Koriander, mit Salz gewürzten Kuhkäse (*caseum bubulum sale conditum*), Wasser und Öl. Gieße Wein darüber und trage auf."

Apicius 4, 1, 3.

ZUTATEN: *500 g altbackenes Weizenbrot, möglichst Vollkornbrot, 0,2 l Essigwasser, salziger Hartkäse aus Kuhmilch (z. B. Parmesan), Honig, frische Pfefferminze, frischer Koriander, Knoblauch, schwarzer Pfeffer, Olivenöl, Rotwein.*

Brot in der *posca* einweichen. Die Menge der Flüssigkeit hängt von der Beschaffenheit des Brots ab. Die *posca* mischt man aus etwa 1 Teil Weinessig auf 5 Teile Wasser, je nach Säuregrad des Essigs. Die anderen Zutaten im Mörser oder in der Reibschale zerkleinern und vermischen, dann zum eingeweichten Brot geben, vermengen und abschmecken.

Wir haben es hier ganz offensichtlich mit einem von Apicius etwas aufgedonnerten altrömischen Rezept zu tun, das sehr gut der militärischen Alltagsküche entstammen könnte. Dafür sprechen nicht zuletzt die sonst bei Apicius jeweils nur noch in einem einzigen weiteren Rezept vorkommenden Ingredienzien Knoblauch und *posca*. Ausgangspunkt könnte eine improvisierte und variable Resteverwertung typischer militärischer Grundnahrungsmittel sein. Alter *panis militaris* wird in *posca* eingeweicht und mit zerriebenem Hartkäse, Olivenöl, Knoblauch und eventuell noch mit leicht beschaffbaren Kräutern wie wildwachsender Minze angereichert. Honig und Pfeffer standen dagegen den einfachen Soldaten im Feld fast nie zur Verfügung. Das Ergebnis ist jedenfalls ein nahrhafter und dank der belebenden Säure der *posca* und des Minzegeschmackes ausgesprochen erfrischender Imbiss. Von der Zubereitungstechnik wie von der Zusammensetzung her könnte man das von Apicius als *sala cattabia* („Kachelsülze") bezeichnete Gericht ebensogut den *moreta* zurechnen, nur daß bei diesen kein eingeweichtes Brot Verwendung findet.

IX. Moretum I
Paste aus Käse, Knoblauch und Kräutern

„Lockert zuerst nur leicht mit den Fingern die obere Erde,

Ziehet den Knoblauch heraus, vier Stück mit dem Wurzelgefaser;

Darauf pflückt er vom Laub des zierlichen Eppichs [Sellerie], der Raute

Starrendes Blatt, Koriander, der schwankt am Faden des Stengels.

So hat er alles beisammen und setzt sich ans muntere Feuer

Und von der Dienerin heischt er mit schallender Stimme den Mörser.

Dann befreit er zuerst die Knoblauchköpfe vom Körper,

Blättert die Häute herunter, die äußeren, die er verächtlich

Rings auf den Boden verstreut und wegwirft. Die Zwiebeln bewahrt er,

Netzt sie und senkt sie hinab in des Steines rundliche Höhlung.

Salz nun streuet er drauf, und vom Salze gehärteten Käse

Tut er hinzu, legt oben darauf die erwähnten Kräuter;

Stopft dann unter die struppige Scham mit der Linken den Kittel,

Aber die Rechte erweicht mit dem Stößel den duftenden Knoblauch;

Dann zerstampft sie das Ganze, es wird vom Safte durchdrungen.

Ringsum wandert die Hand: allmählich verlieren die Teile,

Jeder die eigene Kraft: die Farbe aus mehreren eine,

Nicht ganz grün, da die Brocken des milchigen Käses es hindern,

Nicht schlohweiß von der Milch, da soviel der Kräuter es färben.

Oft trifft beizender Hauch des Mannes weit offene Nase

Und mit gerümpftem Gesicht verwünscht er selber sein Frühstück;

Oft auch wischt mit dem Rücken der Hand er die tränenden Augen

Und mit zornigem Wort verflucht er den schuldlosen Herdrauch.

Vorwärts schreitet das Werk; und nicht mehr hüpfend wie früher,

Sondern schwer bewegt sich der Stößel in langsamen Kreisen.

Da nun träufelt er auf vom Öl, dem Palladischen, Tropfen,

Gießt auch sparsam dazu den kraftvoll wirkenden Essig

Und mischt wieder sein Werk, und wieder stößt er die Mischung.

Dann erst geht er im Innern des Mörsers mit zweien der Finger

Rings im Kreis und ballt das Getrennte zusammen zur Kugel;

Jetzt ist fertig die Schöpfung, nach Art und Namen Moretum."

Appendix Vergiliana, *Moretum*, 86–118
(Übersetzung Richard Heinze 1939/1972)

ZUTATEN: *250 g harter Schafskäse (Pecorino), 2 Knoblauchknollen, frischer Koriander, frische Weinraute, frisches Selleriegrün, Weinessig, Olivenöl.*

Knoblauchknollen in Zehen zerlegen, schälen und im Mörser bzw. in der Reibschale zu einer Paste zerkleinern, Schafskäse zugeben, gleichfalls zerreiben, zerschnittene Kräuter zugeben (Weinraute vorsichtig dosieren). Schließlich Essig und Öl unter Rühren in

Abb. 8   Moretum *in rekonstruierter Reibschale, daneben die benötigten Kräuter: Knoblauch, Sellerie, Koriander und Weinraute. Die vom anonymen Autor des* Moretum*–Gedichts beschriebene weißlich-grünliche Färbung der Paste ist gut zu erkennen. Foto Beate Merz.*

kleinen Portionen zugeben, denn die Paste darf nicht zu flüssig werden. Paste schließlich zu Kügelchen formen und mit frisch gebackenem Weizenvollkornbrot servieren.

Die liebevolle Ausführlichkeit, mit der der anonyme Dichter des „Moretum" die Zubereitung dieser bäuerlichen Brotzeit schildert, macht die Realisierung dieses Rezepts zu einem der am genauesten nachvollziehbaren Vorgänge des römischen Alltagslebens.

X. Moretum II
Kräuterpaste

„Gib in ein *mortarium* Bohnenkraut, Minze, Weinraute, Koriander, Sellerie, Lauch oder, ist dieser nicht vorhanden, grüne Zwiebel, Lattich, Senfrauke, frischen Thymian oder Katzenminze, ferner frisches Flohkraut (Poleiminze) und frischen salzigen Käse. Dies alles zerreibe gemeinsam und gib etwas Pfefferessig dazu. Richte es in einer Schüssel an und gieße Olivenöl darüber. Oder: Hat man die oben genannten Kräuter zusammengerieben, dann gib (statt des Käses) gesäuberte Walnüsse in beliebiger Menge hinein. Dazu ein wenig Pfefferessig und schließlich Olivenöl."

Columella, Res rust. 12, 59.

ZUTATEN: *300 g harter Schafskäse (z. B. Pecorino) oder 300 g geschälte Nüsse, 1 Stange Lauch oder 2 milde Zwiebeln, 2 Stangen Sellerie, 1 Büschel Senfrauke (Ruccola), 1/2 kleiner Romanasalat, frische Kräuter: Pfefferminze, Bohnenkraut, Weinraute und Thymian, Pfefferessig (Weinessig, in den Pfefferkörner eingelegt wurden), Olivenöl. Wenn Nüsse statt Käse verwendet werden, auch Salz.*

Die Verarbeitung entspricht der von *Moretum* I, doch wird die Mischung als Paste in einer Schüssel, nicht in Kügelchenform gereicht (was man mit *Moretum* I natürlich auch tun kann).

XI. Epityrum
Olivenpaste

„Epityrum aus grünen (weißen), schwarzen oder verschiedenfarbigen Oliven mache so: Entkerne weiße, schwarze oder gemischte Oliven. Dann mache sie folgendermaßen ein: Zerschneide die Oliven, füge Olivenöl, Essig, Koriander, Kreuzkümmel, Fenchel, Weinraute und Minze zu. Mache sie in einem Tontopf ein; das Öl muß alles bedecken. So soll es verzehrt werden."

Cato d. Ä., Agr. 119.

ZUTATEN: *200 g schwarze Oliven, 200 g grüne Oliven, 0,1 l Weinessig, ca. 0,2 l Olivenöl, frische Kräuter: Fenchelblätter (notfalls Wurzel), Koriander, Weinraute und Pfefferminze, etwas Kreuzkümmel.*

Oliven grobhacken, die kleingehackten Kräuter dazugeben, Essig und Öl darübergießen, in ein verschließbares Gefäß geben und einige Tage durchziehen lassen. Weinraute und Kreuzkümmel sind, wie stets, mit Vorsicht zu dosieren. Dieses überaus schmackhafte Rezept darf geradezu als eine Quintessenz der antiken Mittelmeerküche gelten.

Laut Columella, Res rust. 12, 49, wurde das griechische *Epityrum* gewonnen, indem man frischgepflückte Oliven in einen Sack füllte und unter die Presse gab. Man ließ sie unter dem Druck eines Gewichts die ganze Nacht ausschwitzen, vermischte sie mit Salz und Gewürzen (Mastix- und Weinrautensamen und getrockneten Fenchelblättern), ließ sie drei Stunden stehen, übergoß sie mit Olivenöl, das überstehen mußte, und füllte sie in ungepichte Tonkrüge. Das Rezept Catos scheint eine Art Hausmachervariante dieses Verfahrens darzustellen.

XII. Herbae rusticae
Feldkräutersalat

„Feldkräuter: *Liquamen*, Öl und Essig aus der Hand (*a manu*)"

Apicius, 3, 16.

ZUTATEN: *Feldsalat, Senfrauke (Ruccola, möglichst die in Gemüsehandlungen oftmals angebotene Wildform), Löwenzahn, Brunnenkresse oder Sauerampfer, oder eine Mischung dieser Salate,* liquamen *(oder Salz), Weinessig und Olivenöl.*

Die Pflanzen putzen und mit der *liquamen*-Essig-Öl-Sauce vermischen. Ersetzt man das *liquamen* durch Salz, dann hat man die auch heute in Italien übliche Salatsauce vor sich. Man kann natürlich auch noch andere Kräuter wie Knoblauch, Pfefferminze, Weinraute, Dill dazugeben.

Abb. 9   Epityrum, *im Tontopf mit Kräutern eingemachte zerschnittene schwarze und grüne Oliven. Foto Beate Merz.*

XIII. Culiculi
Kohlsprößlinge

„Gekochte und in eine Pfanne (*patina*) gelegte Kohlsprößlinge werden mit *liquamen*, Öl, unverdünntem Wein (*merum*) und Kreuzkümmel gewürzt. Streue Lauch, Kreuzkümmel und grünen Koriander darüber."

Apicius 3, 9, 3.

ZUTATEN: *1 kg junge Kohlpflanzen (etwa Grünkohl oder Broccoli), 1 kleine Lauchstange, frischer Koriander, etwas Kreuzkümmel (Vorsicht!),* liquamen*, 0,1 l trockener Weißwein, Olivenöl.*

Den Kohl putzen und in Salzwasser kochen (nicht zu stark, er sollte noch fest sein und „Biß" haben). Dann mit Olivenöl in eine heiße Pfanne geben, *liquamen*, Wein und Kreuzkümmel zugeben, kurz aufkochen (Wein soll etwas reduziert werden), vom Feuer nehmen, feingehackten Lauch und Koriander, eventuell nochmals Kreuzkümmel zugeben. Es ist dies eine Art Kohlsalat, statt des Weins könnte man auch Weinessig verwenden oder eine Mischung aus beidem.

XIV. Pulmentarium ad ventrem
Beilage zur Verdauung

„Wasche grüne Selleriestauden samt den Knollen und trockne sie an der Sonne. Dann koche ganze Lauchstangen – das Weiße und das Grüne – in einem neuen Kochtopf, bis das Wasser auf ein Drittel eingekocht ist. Danach mische gestoßenen Pfeffer mit *liquamen* und schmecke mit etwas flüssigem Honig ab. Gieße das Kochwasser des Sellerie in den Mörser und gieße es (zusammen mit den in dem Mörser gemischten Gewürzen und dem Lauchwasser) wieder über den Sellerie. Laß alles nochmals aufkochen und serviere, bei Belieben mitsamt den Sellerieknollen."

Apicius, 3, 2, 5.

ZUTATEN: *3 kleine Sellerieknollen samt dem Grün, 3 Lauchstangen, schwarzer Pfeffer,* liquamen*, etwas Honig (Vorsicht!), Wasser.*

Den Sellerie putzen und ganz oder grobgehackt in kaltem Wasser aufsetzen. Wenn er halbgar ist, den Lauch zugeben (der von Apicius vorgeschriebene Kochtopfwechsel ist überflüssig). Es ist in der Tat wichtig, daß das Wasser sehr stark einkocht. *Liquamen*, gestoßenen Pfeffer und Honig vermengen, etwas von der Kochflüssigkeit zugeben und die Würzmischung darin auflösen, dem Gemüse und dem restlichen Kochwasser zugeben. Beim Abschmecken sehr vorsichtig vorgehen, es darf nicht süß werden, der konzentrierte Geschmack der Gemüse muß voll zur Geltung kommen.

XV. Fabaciae virides
Grüne Bohnen

„Grüne Feldbohnen werden mit *liquamen*, Öl, grünem Koriander, Kreuzkümmel und gehacktem Lauch gekocht aufgetragen."

Apicius, 5, 6, 1.

ZUTATEN: *800 g grüne Feldbohnen (oder Dicke Bohnen, notfalls grüne Buschbohnen, obwohl es diese damals noch nicht gab, doch kam die sehr ähnliche afrikanische Kuhbohne vor), 2 kleine Lauchstangen, frischer Koriander,* liquamen*, Kreuzkümmel (Vorsicht!) und Olivenöl.*

Es ist nicht ganz klar, ob Apicius meint, die Bohnen sollten mit den Zutaten gekocht und heiß als Gemüse serviert werden, oder ob man die Bohnen allein kochen und dann mit den rohen Zutaten als Salat zubereiten soll. Empfehlenswerter ist das letztere Verfahren, wobei man auch etwas Weinessig zugeben kann.

XVI. Baianae
Grüne Bohnen aus Baiae

„Koche grüne Bohnen aus Baiae und schneide sie klein. Trage sie mit grünem Sellerie, Lauch, Essig, Öl, *liquamen* und etwas *caroenum* (auf die Hälfte eingekochter Most) oder *passum* (Süßwein) auf."

Apicius, 5, 6, 4.

ZUTATEN: *800 g Grüne Bohnen (zur Sorte siehe Rezept XV), 1 Stange grüner Sellerie, 1 Lauchstange, Weinessig, Olivenöl,* liquamen *und 1 kleines Glas Portwein.*

Hier handelt es sich nun ganz eindeutig um Bohnensalat. Die Bohnen werden gekocht und kalt mit einer feingehackten Mischung aus Selleriegrün und Lauch sowie den anderen Zutaten vermischt.

XVII. Concicla cum faba
Bohnentopf

„Koche sie (die Feldbohnen). Stoße Pfeffer, Liebstöckel, Kreuzkümmel, grünen Koriander, gieße *liquamen* dazu, schmecke das ganze mit Wein und *liquamen* ab; dann gib es mit Öl in einen Kochtopf. Koche es auf kleiner Flamme und serviere."

Apicius, 5, 4, 1.

ZUTATEN: *500 g getrocknete Feldbohnen (notfalls Dicke Bohnen), frisches Liebstöckel, frischer Koriander, Kreuzkümmel (Vorsicht!), schwarzer Pfeffer,* liquamen, *2 Glas trockener Weißwein, Olivenöl.*

Die Bohnen über Nacht in Wasser einweichen, dann garkochen. Mit den genannten Zutaten vermischen und nochmals kurz kochen. Das Rezept kann auch mit frischen Bohnen zubereitet werden.

XVIII. Tisana
Gemüsetopf mit Gerste und Hülsenfrüchten

„Weiche Kichererbsen, Linsen und Erbsen ein, stampfe Gerstengraupen (*tisana*) und koche sie zusammen mit den Hülsenfrüchten. Wenn es gut gekocht hat, gib ausreichend Öl dazu und streue über das Gemüse gekochten Lauch, Koriander, Dill, Fenchel. Schütte das Gemüse kleingeschnitten in einen Topf. Koche Kohl und zerstampfe Fenchelsamen, Origano, *silphium* und Liebstöckel. Nach dem Stampfen schmecke mit *liquamen* ab und gieße die Mischung über die Hülsenfrüchte. Schneide kleine Kohlstücke darüber."

Apicius, 5, 5, 2.

ZUTATEN: *Je 100 g getrocknete Kichererbsen, Erbsen und Linsen, 200 g Gerstengrieß oder Gerstengraupen, 1 Lauchstange, 1 Fenchelknolle, frischer Koriander, Dill, 1 Broccolikopf (oder Grünkohl oder Kohlrabi), Fenchelsamen, Origano,* asa foetida, *Liebstöckel,* liquamen, *Olivenöl.*

Die Hülsenfrüchte über Nacht einweichen. Zusammen mit Gerstengraupen im Wasser garkochen. Wasser wegschütten, Gemüse mit gehacktem Lauch, Koriander, Dill und Fenchel vermischen, Öl darübergießen. Gleichzeitig den Kohl in Wasser garkochen, kleinschneiden und mit gestampftem Fenchelsamen, Origano (frisch oder getrocknet), *asa foetida* und Liebstöckel vermischen. Diese Mischung über die Hülsenfrüchte und die Gerste schütten und mit *liquamen* abschmecken.

XIX. Lenticulum de castaneis
Linsen mit Kastanien

„Nimm einen neuen Kochtopf und gib die sorgfältig gesäuberten Kastanien hinein. Setze Wasser und etwas Natron zu und koche es. Während es kocht, gib in einen Mörser Pfeffer, Kreuzkümmel, Koriandersamen, Minze, Weinraute, Laserwurzel, Flohkraut (Poleiminze) und zerstampfe das ganze. Gieße Essig, Honig, *liquamen* dazu, schmecke mit Essig ab und gieße es über die gekochten Kastanien. Gib Öl dazu und laß es aufkochen. Dann stampfe alles im Mörser. Schmecke ab. Nachdem du es in eine Schüssel gegeben hast, gieße grünes Öl darüber."

Apicius, 5, 2, 2.

ZUTATEN: *500 g Linsen, 200g Kastanien, schwarzer Pfeffer, Kreuzkümmel (Vorsicht!), Koriandersamen, Pfefferminze, Weinraute,* asa foetida, *Flohkraut (wenn nicht vorhanden, etwas mehr Pfefferminze), Weinessig, Honig,* liquamen, *Olivenöl.*

Die Linsen über Nacht einweichen. Statt die Kastanien zu schälen und zu kochen, kann man auch fertiges Kastanienpüree benutzen. Den nach den klaren Anweisungen des Apicius zubereiteten Kastanienbrei unter die gekochten Linsen rühren und reichlich gutes Olivenöl darübergießen.

XX. In ovis hapalis
Gekochte Eier mit Pinienkernepaste

„Für gekochte Eier: Pfeffer, Liebstöckel und eingeweichte Pinienkerne. Gib Honig und Essig dazu, schmecke mit *liquamen* ab."

Apicius, 7, 19, 3.

ZUTATEN: *4 Eier, 80 g Pinienkerne, schwarzer Pfeffer, frisches Liebstöckel, flüssiger Honig, Weinessig,* liquamen.

Eier weichkochen, schälen und halbieren (es geht aber auch mit hartgekochten Eiern). Pinienkerne über Nacht einweichen, zerstampfen und die Paste vorsichtig mit Pfeffer, feingehacktem Liebstöckel, Honig, Essig und *liquamen* abschmecken. Es sollte ein diskret süßlich-würziger Geschmack erzielt werden. Die Eier werden kalt serviert.

Dieses Gericht gibt zusammen mit Würzwein ein vorzügliches hors d' oeuvre ab. Die Römer begannen festliche Mahlzeiten gerne mit gesüßtem Wein (*mulsum, conditum*) und Eiern und schlossen sie mit Obst. Daher das Sprichwort „*ab ovo usque ad malum*" – „Vom Ei bis zum Apfel", was unserem „Von A bis Z" entspricht.

XXI. Ova sfongia ex lacte
Omelett mit Milch

„Verrühre vier Eier mit 0,27 l Milch und 27 g Öl, so daß du eine glatte Masse erzielst. Gieße in eine leichte Backform (*patella*) etwas Öl, erhitze es und gib die vorbereitete Masse hinein. Wenn sie unten gar ist, stürze sie auf eine Platte, gieße Honig darüber, überstreue mit Pfeffer und trage auf."

Apicius, 7, 13, 8.

ZUTATEN: *4 Eier, $^{1}/_{4}$ l Milch, 0,03 l Olivenöl, flüssiger Honig, schwarzer Pfeffer.*

Die Zubereitung dieses halbflüssigen Omeletts ist im Text hinreichend klar beschrieben.

XXII. In ostreis
Sauce für Austern

„Pfeffer, Liebstöckel, Eidotter, Essig, *liquamen*, Öl und Wein. Wenn du willst, gib auch Honig dazu."

Apicius, 9, 6.

ZUTATEN: *8 Austern, 2 Eidotter, weißer Pfeffer, frisches Liebstöckel,* liquamen, *Weinessig, Olivenöl, $^{1}/_{2}$ Glas trockener Weißwein.*

Die Austern mit der gewölbten Seite nach unten auf dem Holzkohlenrost braten, öffnen und etwas von der Sauce zum Austernsaft geben. Für die Sauce: Eier kochen, Dotter entnehmen und zerkrümeln, kalt mit dem feingehackten Liebstöckel und den anderen Zutaten vermischen. Nur sehr kleine Quantitäten von diesen verwenden und vorsichtig abschmecken. Den Essig kann man auch weglassen.

XXIII. In congro asso
Gegrillter Seeaal in süßsaurer Sauce

„Pfeffer, Liebstöckel, gerösteter Kreuzkümmel, Origano, getrocknete Zwiebel (*cepa sicca*), gekochte Eidotter, Wein, Honigwein (*mulsum*), Essig, *liquamen*, *defrutum* (auf ⅓ eingekochter Weinmost), koche alles."

Apicius, 10, 1, 9.

ZUTATEN: *800 g frischer Aal oder Räucheraal, schwarzer Pfeffer, frisches Liebstöckel, Kreuzkümmel, frisches oder getrocknetes Origano, 30 g getrocknete Zwiebel, 4 gekochte Eidotter, ¼ Glas trockener Weißwein, ½ Eßlöffel Honig, Weinessig,* liquamen, *⅛ l eingekochter Weinmost.*

Frischer Aal wird auf dem Holzkohlenrost gegrillt und mit der heißen Sauce aufgetragen. Räucheraal, mit dem das Rezept auch ganz ausgezeichnet gelingt, wird mit kalter Sauce serviert. Sauce: Eidotter zerstampfen, mit etwas angeröstetem Kreuzkümmel, feingehacktem Liebstöckel und Origano, gestampftem Pfeffer, getrockneter Zwiebel und den Flüssigkeiten vermischen und abschmecken. Es sollte eine Paste von kräftig süßsauer-würzigem Geschmack entstehen. Bei zu flüssiger Konsistenz kann man noch weitere Eidotter zugeben.

XXIV. Ius in sarda
Sauce für Salzfisch

„Salzfisch wird so zubereitet: Der Fisch wird gekocht und entgrätet. Er wird zusammen mit Pfeffer, Liebstöckel, Thymian, Origano, Raute, Datteln und Honig gestampft und dann in einem kleinen Gefäß mit zerschnittenen Eiern garniert. Man gibt etwas Wein, Essig, *defrutum* (auf ⅓ eingekochter Weinmost) und grünes Öl dazu."

Apicius, 9, 10, 2.

ZUTATEN: *800 g Salzfisch, weißer Pfeffer, frisches Liebstöckel, Thymian, Origano, Weinraute, entkernte Datteln, Honig, ⅛ l trockener Weißwein, 1/16 l eingekochter Weinmost, Weinessig, Olivenöl, 2 hartgekochte Eier.*

Den Fisch kochen und entgräten. Die restlichen Zutaten außer den Eiern kleinhacken bzw. zerstampfen und vermischen, über den gleichfalls zerstampften Fisch geben, abschmecken, mit den Eierspalten garnieren. Man kann das Gericht auch recht gut mit konserviertem Thunfisch zubereiten.

Apicius (9, 10, 3) gibt auch eine wesentlich anspruchslosere Variante für Salzfisch: „Pfeffer, Origano, Minze, Zwiebel und etwas Essig und Öl."

XXV. Concicla Apiciana
Eintopf à la Apicius

„Nimm einen sauberen Tontopf, koche darin Erbsen, gib zu diesen Lucanische Würste, kleingehacktes Schweinefleisch und Vorderschinken. Zerstoße Pfeffer, Liebstöckel, Origano, Dill, getrocknete Zwiebel und frischen Koriander, gieße *liquamen* zu und schmecke mit Wein und *liquamen* ab. Gib das alles in den Topf, füge Öl zu, stochere überall darin herum, damit es das Öl aufsaugt. Laß es auf kleiner Flamme aufkochen und trage auf."

Apicius, 5, 4, 2.

ZUTATEN: *300 g getrocknete Erbsen, 4 Lucanische Würste á 80 g (siehe nächstes Rezept), 200 g Schweinegulasch, 100 g geräucherter Schinken, schwarzer Pfeffer, frisches Liebstöckel, frischer Koriander, Origano, Dill, 30 g getrocknete Zwiebel,* liquamen, *2 Glas trockener Weißwein, reichlich Olivenöl.*

Erbsen einweichen, dann zusammen mit dem Gulasch und dem grobgeschnittenen Schinken in einen großen Topf geben, mit Wasser aufgießen und unter gelegentlichem Rühren kochen, bis die Erbsen fast gar sind. Dann die Würste, die gehackten Kräuter und Olivenöl dazugeben. Kurz vor dem Ende der Kochzeit mit Wein und *liquamen* abschmecken, durchrühren, vom Feuer nehmen und nochmals Öl darübergießen.

XXVI. Lucanicae
Lucanische Räucherwürste

„Zerstampfe Pfeffer, Kreuzkümmel, Bohnenkraut, Weinraute, Petersilie, Gewürzkraut (*condimentum*), Lorbeeren, *liquamen*, dann gib kleingeschnittenes Fleisch dazu und stampfe es gemeinsam mit den anderen Zutaten. Würze nochmals mit *liquamen* nach, dann füge ganze Pfefferkörner und reichlich Schweinefett sowie Pinienkerne zu. Fülle die Mischung in den Darm (*intestinum*), den du recht strammziehen sollst, und hänge die Würste in den Rauch."

Apicius, 2, 4.

ZUTATEN: *500 g feingehacktes mageres Schweinefleisch, 30 g Pinienkerne, 40 ganze schwarze Pfefferkörner, etwas zerstoßener Kreuzkümmel, zerstoßene schwarze Pfefferkörner, 5 zerstoßene Lorbeeren*

Abb. 10 Rohe lucanicae *(lucanische Bratwürste) auf einem kleinen Rost, der nach dem Vorbild eines im Legionslager Oberaden (Westfalen) gefundenen Originals geschmiedet wurde. Foto C.A.T. Medienproduktion.*

(wenn nicht erhältlich, 10 zerbröselte Lorbeerblätter), frische Petersilie, Bohnenkraut, Weinraute, liquamen, *200 g Schweinefett oder (besser) grobgehackter schierer Speck, 8 Wursthäute aus Darm, 25–30 cm lang.*

Zutaten gründlich mischen (Kräuter feingehackt), in die Wurstdärme füllen, die zuvor an einem Ende verknotet oder mit Schnur zugebunden werden, nach dem Füllen am anderen Ende ebenfalls. Wer einen Kamin hat, kann die Würste problemlos räuchern, ansonsten kann man das auch hoch auf einem stark räuchernden Rost über schwacher Glut besorgen. Dabei sollte man aromatische Substanzen wie Lorbeerblätter auf die Glut streuen.

Die Würste werden bei Apicius in verschiedenen Eintöpfen mitgekocht, können aber auch – roh oder geräuchert – als selbständiges Essen auf dem Rost gebraten werden.

XXVII. Petaso ex musteis
Vorderschinken mit Mostbroten

„Koche den Vorderschinken mit 2 Pfund (646 g) Gerste und 25 karischen Feigen. Dann entbeine ihn, röste das Fett auf starker offener Glut an und bestreiche ihn mit Honig. Besser noch, wenn du den Schinken in den Backofen schiebst und während dessen mit Honig bestreichst. Wenn der Schinken Farbe angenommen hat, gib in einen Topf Süßwein (*passum*), Pfeffer, ein Bündelchen Weinraute und unvermischten Wein und schmekke ab. Dann gieße die Hälfte der Sauce über das Fleisch, die andere über zerbröseltes Mostbrot. Wenn dieses sich vollgesogen hat, gieße den Rest gleichfalls über den Schinken."

Apicius, 7, 10.

Abb. 11 Petaso ex musteis, *mit Feigen und Graupen gekochter Schinken, der zusammen mit Mostbroten (nicht abgebildet) serviert wird. Foto C.A.T. Medienproduktion, Bamberg.*

ZUTATEN: *500 g roher Schinken im Stück, 200 g Gerstengraupen, 20 getrocknete Feigen, 3 Glas Portwein, 3 Glas Rotwein, 1 Zweig frische Weinraute, schwarzer Pfeffer, 300 g Mostbrot (siehe Rezept V).*

Schinken mit den Graupen und Feigen in kaltem Wasser aufsetzen und zum Kochen bringen. Nach etwa einer Stunde herausnehmen, Flüssigkeit, Graupen und Feigen aufbewahren. Schinken auf dem Holzkohlenrost oder im Backofen bräunen, mit Honig bestreichen und nochmals kurz bräunen. Portwein, Rotwein und etwa 2 Glas von der Kochbrühe mit dem Weinrautenzweig und dem Pfeffer in eine Pfanne geben und auf etwa die Hälfte einkochen. In der Hälfte der Sauce das zerbröselte Mostbrot einweichen, den Rest der Sauce über den Schinken gießen. Die Graupen und Feigen in der Kochbrühe kurz aufkochen, abseihen und zusammen mit der Mostbrotsauce als Beilage servieren.

XXVIII. Porcellus laureatus
Spanferkel mit Lorbeer

„Entbeine das Spanferkel und brate es an. Zerbrich grünen Lorbeer in ausreichender Menge in der Mitte. Backe das Schwein im Ofen und gib in einen Mörser Pfeffer, Liebstöckel, Wiesenkümmel, Selleriesamen, Laserwurzel und Lorbeeren. Zerstampfe das, gieße *liquamen* dazu und schmecke mit Wein und Süßwein (*passum*) ab. Gib diese Mischung mit etwas Öl in einen Topf und lasse sie aufkochen. Binde die Sauce. Nimm das Spanferkel aus dem Lorbeer, tränke es von den Knochen her [von den Höhlen, in denen die Knochen vor dem Ausbeinen gesessen haben, her?] und trage auf."

Apicius, 8, 7, 9.

ZUTATEN: *1 kg Spanferkel mit Schwarte, ausgebeint, mehrere frische Lorbeerzweige, 3 Lorbeeren (oder weitere Lorbeerblätter), schwarzer Pfeffer, frisches Liebstöckel, Wiesenkümmel, Selleriesamen (oder eine gehackte Selleriestange),* asa foetida, liquamen, *2 Glas trockener Weißwein, 2 Glas Portwein, Olivenöl, etwas Mehl.*

Das Fleisch mit den der Länge nach gespaltenen Lorbeerzweigen spicken und in den heißen Backofen schieben. Die Kräuter und Gewürze stampfen, mit *liquamen*, Wein und Portwein übergießen. Die Mischung in einen Topf mit etwas Öl geben, auf etwa die Hälfte einkochen. Das Fleisch und vor allem die Schwarte hin und wieder mit der Sauce bestreichen. Wenn es gar ist, das Fleisch aus dem Ofen nehmen, den Lorbeer entfernen und die mit etwas Mehl gebundene Sauce über den Braten gießen.

Wenn man ein komplettes Spanferkel braten will, kann man dies am Spieß vor (nicht auf!) einem starken Feuer machen. Unter das Schwein stellt man eine Saucenpfanne zum Auffangen des herabtropfenden Saftes. Mit frischem Lorbeer garniert auftragen.

XXIX. Vitellina fricta
Kalbsbraten

„Gebratenes Kalbfleisch: Pfeffer, Liebstöckel, Selleriesamen, Kreuzkümmel, Origano, getrocknete Zwiebel, Rosinen (*uva passa*), Honig, Essig, Wein, *liquamen*, Öl und *defrutum*."

Apicius, 8, 5, 1.

ZUTATEN: *800 g Kalbsbraten, schwarzer Pfeffer, frisches Liebstöckel, Selleriesamen (notfalls kleingehackte Selleriestange), Kreuzkümmel, Origano,*

Abb. 12 Porcellus laureatus, *Spanferkel mit Lorbeer.* Foto C.A.T. Medienproduktion.

50 g getrocknete Zwiebel,
100 g Rosinen, Honig, Weinessig,
1 Glas trockener Weißwein,
liquamen, Olivenöl, ¼ Glas
defrutum (auf ⅓ eingekochter
Weinmost).

Kalbfleisch in Öl ringsum anbraten, mit Wein ablöschen, die restlichen Zutaten zugeben. Im Backofen unter gelegentlichem Begießen mit der Sauce garbraten. Abschmecken und servieren.

XXX. Haedus laureatus ex lacte
Mit Lorbeer und Milch zubereitetes Zicklein

„Bereite das Zicklein vor, indem du es entbeinst, ausweidest (einschließlich des Netzes) und wäschst. Gib in einen Mörser Pfeffer, Liebstöckel, Laserwurzel, zwei Lorbeeren, etwas Bertram (*pyrethrum*) und zwei oder drei Hirnchen. Zerstampfe das, gieße *liquamen* zu und schmecke mit Salz ab. Seihe 1,1 l Milch und zwei Löffel Honig darüber. Fülle damit die gesäuberten Därme, umwickle das Zicklein damit, hülle das Ganze mit dem Netz (*omentum*) wie mit Papyrus ein und stecke es zusammen. Lege das Zicklein in einen Topf und gib *liquamen*, Öl und Wein dazu. Wenn es halb gar ist, zerstoße Liebstöckel und vermische es mit etwas Bratensauce. Füge *defrutum* (auf ⅓ eingedickter Most) zu und gib das alles in den Topf. Wenn es ganz gar ist, binde mit Stärkemehl (*amulum*) und trage auf."

Apicius, 8, 6, 11.

ZUTATEN: *600 g Zickleinfleisch*
(ersatzweise Lammfleisch),
Schweinenetz, 3 Lorbeeren oder
8 Lorbeerblätter, etwas Bertram,

asa foetida, *frisches Liebstöckel, schwarzer Pfeffer,* liquamen, *Salz, 1 Eßlöffel Honig, ½ l Ziegenmilch (ersatzweise Schafs- oder notfalls Kuhmilch), Olivenöl, 1 Glas trockener Weißwein (am besten Retsina), ¼ Glas eingedickter Weinmost, Mehl, frische Lorbeerzweige.*

Man wird bei diesem vorzüglichen Rezept ohne einige Vereinfachungen nicht auskommen, wie schon die reduzierte Liste der Zutaten zeigt. Fleisch leicht salzen, in das Schweinenetz hüllen, in einen großen Bräter legen und in den heißen Backofen schieben. Wenn es halb gar ist, Fett abgießen und die Mischung aus Pfeffer, Liebstöckel, Laserwurzel, Lorbeeren, Bertram, *asa foetida*, *liquamen*, Milch, Honig, Öl und Wein zugeben. Unter gelegentlichem Rühren das Fleisch in der Sauce garen. Wenn es fertig ist und sollte noch zu viel Flüssigkeit vorhanden sein, auf starker Flamme reduzieren. Reste des Schweinenetzes entfernen, Sauce mit *defrutum* und Salz abschmecken und mit Mehl binden. Mit Lorbeerzweigen garniert auftragen.

XXXI. In Cervum assum iura ferventia
Hirschbraten in heißer Sauce

„Pfeffer, Liebstöckel, Petersilie, eingeweichte Damaszenerpflaumen, Wein, Honig, Essig, *liquamen*, ein wenig Öl. Rühre mit Lauch und Bohnenkraut um."

Apicius, 8, 2, 8.

ZUTATEN: *800 g Hirschbraten, 200 g gedörrte Pflaumen, 0,2 l Rotwein, ½ Eßlöffel Honig, Weinessig,* liquamen, *Olivenöl, 1 Lauchstange und 1 Büschel Bohnenkraut, zusammengebunden.*

Pflaumen in Wein einweichen. Fleisch in Öl anbraten, Pflaumen samt Wein, Honig, Essig und *liquamen* zugeben und unter gelegentlichem Rühren mit dem Lauch-Bohnenkrautbüschel garschmoren. Eventuell etwas Rotwein nachgießen. Die süßsaure Sauce sollte püreeartige Konsistenz haben.

XXXII. Patina de piris
Birnenauflauf

„Gekochte entkernte Birnen mit Pfeffer, Kreuzkümmel, Honig, Süßwein (*passum*), *liquamen* und etwas Öl zerstampfen. Nachdem du noch Eier dazugegeben hast, mache einen Pfannenauflauf (*patina*) daraus. Überstreue mit Pfeffer und trage auf."

Apicius, 4, 2, 35.

ZUTATEN: *2 kg feste Birnen, 3 Gläser Portwein, 3 Eßlöffel Honig, ein wenig Kreuzkümmel, 1 Eßlöffel Olivenöl,* liquamen, *4 Eier, schwarzer Pfeffer.*

Die Birnen schälen, entkernen und in Stücke schneiden. Mit Portwein, Honig, Kreuzkümmel, *liquamen* und Öl weichkochen und zerdrücken. Die Eier zugeben und die Mischung in eine heiße geölte Pfanne schütten. Bei mäßiger Hitze ca. 15 Minuten braten. Der Auflauf soll nicht ganz fest sein. Mit gestoßenem Pfeffer bestreuen und servieren.

XXXIII. Melones et pepones
Melonendessert

„Pfeffer, Flohkraut (Poleiminze), Honig oder Süßwein, *liquamen* und Essig; manchmal kommt auch *silphium* dazu."

Apicius, 3, 7.

ZUTATEN: *2 Honigmelonen, 1 Glas Portwein, 1 Teelöffel milder Weinessig,* liquamen, *reichlich Flohkraut (ersatzweise Pfefferminze), schwarzer Pfeffer.*

Die Melonen schälen und in Spalten schneiden. Aus den Zutaten außer Pfeffer süßsaure Sauce mischen und über die Melonen gießen, mit gestoßenem Pfeffer überstreuen.

XXXIV. Conditum paradoxum
Paradoxer Würzwein

„15 Pfund (4,85 kg) Honig gibt man zu 2 *sextarii* (1,1 l) Wein in ein Bronzegefäß, um Honigwein zu kochen. Man erhitzt das auf einem kleinen Feuer von trockenem Holz und rührt mit einem Schneebesen (*ferula*) um, während es kocht. Wenn der Honigwein anfängt aufzuschäumen, wird er durch Zugabe von weiterem Wein beruhigt. Außerdem läßt das Brodeln nach, wenn man die Hitze reduziert. Kühlt er ab, facht man das Feuer wieder an. Das wiederhole zwei-, dreimal. Dann nimm die Mischung vom Herd und schöpfe am nächsten Tag den Schaum ab. Darauf gibt man 4 *unciae* (108 g) Pfeffer zu, ferner 3 *scrupula* (3 g) gemahlenes Mastixharz, je eine *dragma* (4,4 g) Blätter und Safran, 5 geröstete Dattelkerne samt ihrem in Wein eingeweichten Fruchtfleisch, nachdem du zuvor soviel Wein zugeschüttet hast, daß es eine milde Mischung ergibt. Füge dann 18 *sextarii* (9,9 l) milden Weines hinzu. Kohle wird helfen, dem Getränk die Vollendung zu geben."

Apicius, 1,1.

Es empfiehlt sich nicht, sich in allen Punkten an die Mengen des Apicius zu halten, man würde ein penetrant süßes und zugleich fast ungenießbar scharfes Gebräu erhalten. Die Mengen an Pfeffer und Safran erscheinen recht unmäßig, während man von den Blättern (in der Regel wohl Lorbeerblätter) deutlich mehr nehmen sollte. Als Wein bietet sich Retsina an, der mit seinem harzigen Geschmack auch gut das schwer erhältliche Mastix ersetzen kann. Die Menge des am Schluß aufgegossenen Weins sollte den Umständen angepaßt werden, meist wird man im Verhältnis zum Honig eine deutlich größere Menge zugeben. Man hat es so in der Hand, ob die Mischung mehr süß oder herb ausfällt. Wenn man das Getränk nicht längere Zeit ziehen lassen will, sollte man die Gewürze nach dem Abschäumen gemeinsam mit der Grundsubstanz erhitzen.

ZUTATEN: *250 g Honig, 0,25 l Retsina für die Grundmischung, 1/2–2 l Retsina zum Auffüllen, 30 schwarze Pfefferkörner, 20 Lorbeerblätter, eine Prise Safran, 2 Datteln.*

Honig mit 0,25 l Wein in einen Topf geben, erhitzen, abschäumen. Gewürze zugeben (Pfeffer ganz grob gestoßen, bei längerem Ziehen ganze Körner), ferner die beiden angerösteten Dattelkerne und das in etwas Wein eingeweichte Dattelfleisch. In den heißen Grundsubstanzen ziehen lassen, kühlstellen. Bevor man den Würzwein vorsetzt, mit wenigstens 1/2 l kühlem Retsina auffüllen und durchseihen. Das Getränk weist eine interessante Kombination süßer, scharfer und bitter-würziger Komponenten auf. Durch Zugabe von mehr oder weniger ungewürztem Wein hat man es, wie gesagt, in der Hand, das Verhältnis dieser Komponenten zueinander zu verändern. Gießt man nur 1/2 l Wein zu, erhält man einen Dessertwein von fast likörartigem Geschmack.

Bene vobis!